MÉTHODE BOSC

ou La Journée des Tout

Cahier des sons

Gérard Sansey
Instituteur

Illustrations
Marion Piffaretti

Belin:

8, rue Férou 75278 Paris Cedex 06
www.editions-belin.com

Avant-propos

Ce cahier d'exercices ne prétend pas apprendre à lire. Il a pour objectif de préparer les enfants à l'apprentissage de la lecture par des exercices oraux qui les aideront à prendre conscience de l'existence de la syllabe d'abord, puis du [son] isolé, le phonème.

Aucun mot n'y est écrit, l'orthographe n'a donc aucune importance puisqu'on travaille exclusivement sur la prononciation.

Les exercices proposés amèneront d'abord l'enfant à trouver le nombre de syllabes contenues dans le mot. Puis, il devra déceler la présence d'un phonème (son) dans un mot, dire combien de fois il s'y trouve, enfin, donner sa position dans le mot : début, milieu ou fin.

Des exercices de reconnaissance visuelle complèteront le tout pour aider l'enfant à lier dans son esprit le signe (lettre) avec la prononciation qui correspond (son). À ce propos, ne faites pas apprendre l'alphabet par cœur, comme des perroquets. C'est inutile, et quelquefois, cela perturbe l'apprentissage des phonèmes. Il vaut mieux réserver cela pour la fin du CP lorsque les élèves savent lire.

Tout au long des pages de ce cahier, la prononciation est rappelée :

l   [le]   et non   [elle]
m   [me]   et non   [emme]
t   [te]   et non   [té]
k   [ke]   et non   [ka]

Lors du découpage des mots en syllabes, il sera important d'insister sur la dernière, même si celle-ci est muette, afin de la compter.

Exemple : table : prononcer [tableu], deux syllabes, au lieu de [tabl], une syllabe.

En fin d'ouvrage, les combinaisons simples sont abordées :

[p] [a] → [pa], [r] [i] → [ri], etc.

GÉRARD SANSEY

Conseils d'utilisation

■ **Pages 4 et 5 :** il s'agit de tracer sous le dessin autant de petits ronds que le mot contient de syllabes.

Sous le dessin d'un crocodile, par exemple, on trace 4 ronds :

cro / co / di / leu = 4 syllabes

■ **Pages suivantes :**

1ᵉʳ exercice : on entend le son, on met une croix dans la case ; on ne l'entend pas, on ne met rien.

Exemple pour le son [o]   abricot

2ᵉ exercice : on met une barre si on entend une fois le son, deux barres si on l'entend deux fois, etc.

Exemple pour le son [a]   carnaval
=
3 [a]

 (*)

3ᵉ exercice : on doit colorier le rond qui correspond à la position du son dans le mot.

Exemple pour le son [é]    téléviseur

4ᵉ exercice : entourer la lettre concernée.

Exemple pour le son [i]

(*) Ce symbole vous indique que vous pouvez vous reporter au glossaire, page 32.

Exercices préparatoires sur des mots de plusieurs syllabes

1 Place sous chaque dessin le nombre de ronds ○ correspondant au nombre de syllabes :

2 Même exercice sur des mots d'une ou plusieurs syllabes :

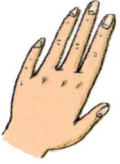  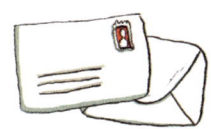  

 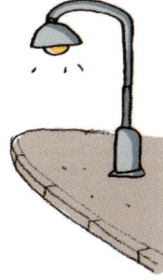   

A.A.A
a.a.a

un âne

1 Fais une croix dans la case si tu entends [a] :

2 Fais une barre si tu entends une fois [a], deux barres si tu entends deux fois [a], trois barres si tu entends trois fois [a] :

3 Colorie le (ou les) rond(s) correspondant à la place du [a] :

     (*)

○○○ ○○○ ○○○ ○○○ ○○○

4 Entoure tous les [a] :

o a e a u c a a b a i

B . B . B   b . b . b

[prononcer «be»]

une robe

1 Fais une croix dans la case si tu entends [b] :

     (*)

2 Fais une barre si tu entends une fois [b], deux barres si tu entends deux fois [b] :

3 Colorie le (ou les) rond(s) correspondant à la place du [b] :

   (*)

4 Entoure tous les [b] :

l b h b d t b k b k b

C.C.C

[prononcer « ke »]

c.c.c

un coq

1 Fais une croix dans la case si tu entends [c] :

2 Fais une barre si tu entends une fois [c], deux barres si tu entends deux fois [c], trois barres si tu entends trois fois [c] :

3 Colorie le (ou les) rond(s) correspondant à la place du [c] :

 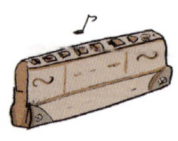   

○○○ ○○○○ ○○○ ○○ ○○○

4 Entoure tous les [c] :

c o a c e c o a c e c

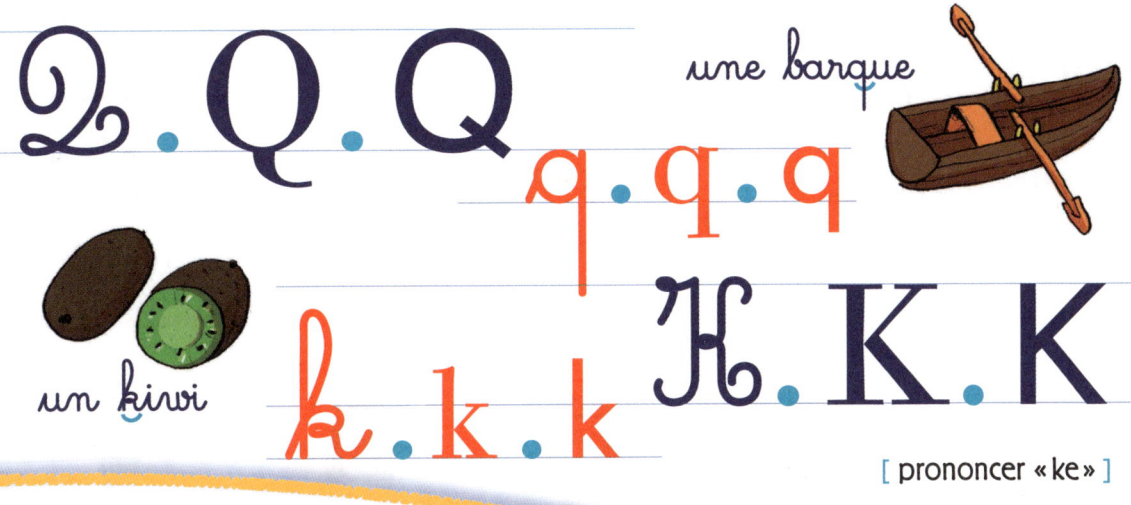

une barque

un kiwi

[prononcer « ke »]

① Fais une barre si tu entends une fois [k], deux barres si tu entends deux fois [k] :

② Colorie le (ou les) rond(s) correspondant à la place du [k] :

③ Entoure tous les [k, q] :

h q p k g b a q q k l

 [prononcer « de »]

un dé

1 Fais une croix dans la case si tu entends [d] :

2 Fais une barre si tu entends une fois [d], deux barres si tu entends deux fois [d] :

3 Colorie le (ou les) rond(s) correspondant à la place du [d] :

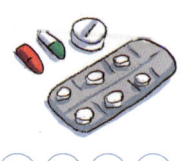    

○○○○   ○○○   ○○○○   ○○○○   ○○○○

4 Entoure tous les [d] :

a   d   t   d   c   l   d   b   b   d   t

 [prononcer « eu »]

 yeux

1 Fais une croix dans la case si tu entends [e] :

     (*)

2 Fais une barre si tu entends une fois [e], deux barres si tu entends deux fois [e] :

3 Colorie le (ou les) rond(s) correspondant à la place du [e] :

○○○○ ○○ ○○○ ○○ ○○

4 Entoure tous les [e] :

e b e a o e c s r e e

[bien insister sur la différence de prononciation entre le « é » et les « ê · è »]

un étui

1 Fais une croix dans la case si tu entends [é] :

2 Fais une barre si tu entends une fois [é], deux barres si tu entends deux fois [é] :

3 Colorie le (ou les) rond(s) correspondant à la place du [é] :

4 Entoure tous les [é] :

ê é è é c é a é è ê

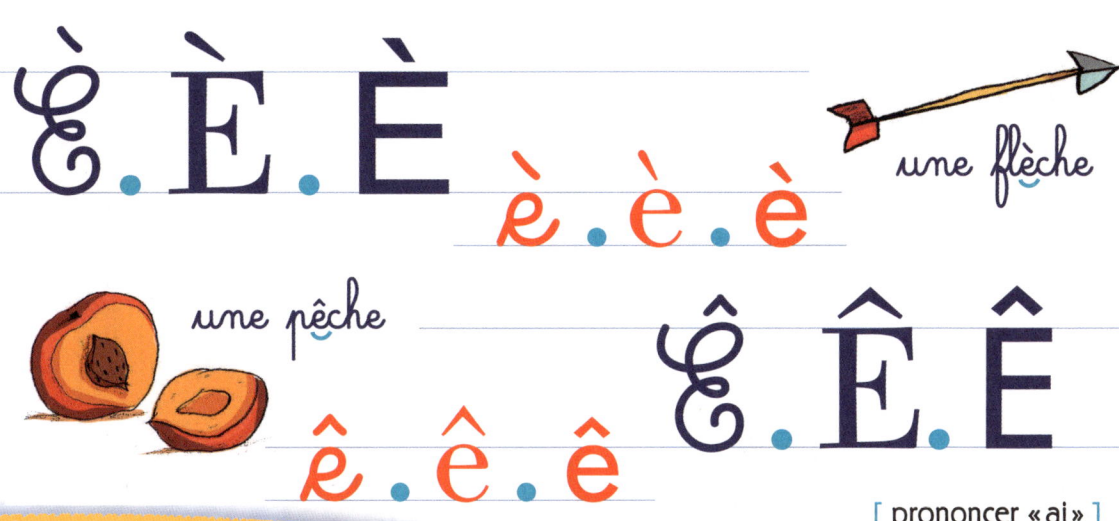

[prononcer «ai»]

1 Fais une croix dans la case si tu entends [ê] :

2 Fais une barre si tu entends une fois [ê], deux barres si tu entends deux fois [ê] :

3 Colorie le (ou les) rond(s) correspondant à la place du [ê] :

4 Entoure tous les [ê, é] :

[prononcer « gue »]

une bague

1 Fais une croix dans la case si tu entends [g] :

2 Fais une barre si tu entends une fois [g], deux barres si tu entends deux fois [g] :

3 Colorie le (ou les) rond(s) correspondant à la place du [g] :

4 Entoure tous les [g] :

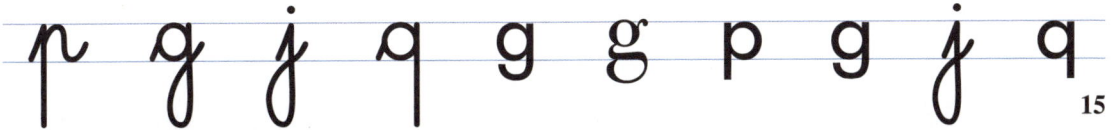

[prononcer « je »]

un jeu
(de cartes)

1 Fais une croix dans la case si tu entends [j] :

2 Fais une barre si tu entends une fois [j], deux barres si tu entends deux fois [j] :

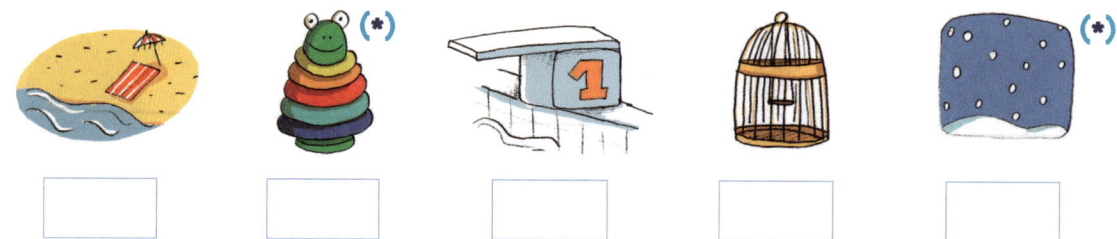

3 Colorie le (ou les) rond(s) correspondant à la place du [j] :

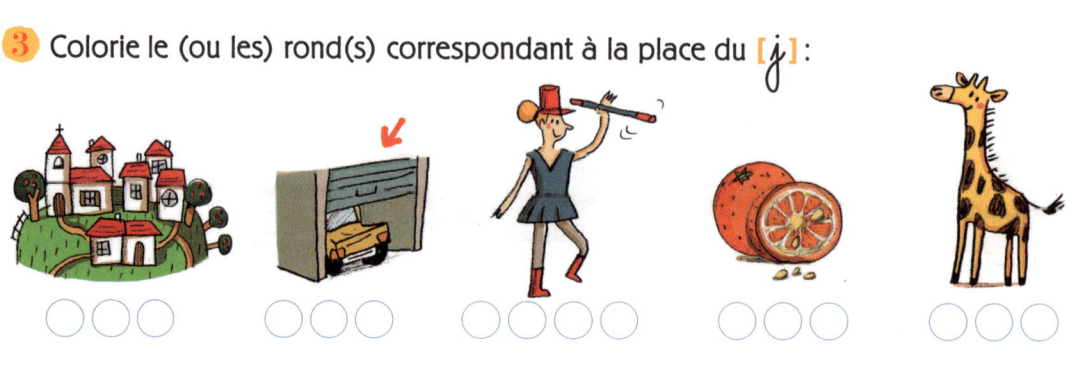

4 Entoure tous les [j] :

[prononcer « le »]

une île

1 Fais une croix dans la case si tu entends [l] :

 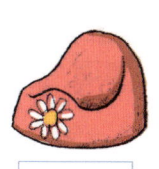   

2 Fais une barre si tu entends une fois [l], deux barres si tu entends deux fois [l], trois barres si tu entends trois fois [l] :

 (*)    (*)          (*)

3 Colorie le (ou les) rond(s) correspondant à la place du [l] :

4 Entoure tous les [l] :

 [prononcer « me »]

une pomme

1 Fais une croix dans la case si tu entends [m] :

 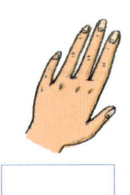 (*)

2 Fais une barre si tu entends une fois [m], deux barres si tu entends deux fois [m] :

 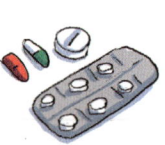 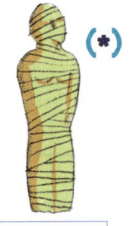(*)

3 Colorie le (ou les) rond(s) correspondant à la place du [m] :

4 Entoure tous les [m] :

m n n c s r m m n m

N.N.N [prononcer « ne »]

n.n.n

la lune

1 Fais une croix dans la case si tu entends [n] :

2 Fais une barre si tu entends une fois [n], deux barres si tu entends deux fois [n] :

3 Colorie le (ou les) rond(s) correspondant à la place du [n] :

    (*)

○○○○ ○○○○ ○○○ ○○○ ○○○

4 Entoure tous les [n] :

m r v n n v n c a e n i

une orange

1 Fais une croix dans la case si tu entends [o] :

    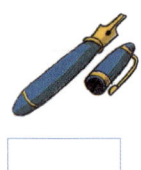

2 Fais une barre si tu entends une fois [o], deux barres si tu entends deux fois [o], trois barres si tu entends trois fois [o] :

   (*)

3 Colorie le (ou les) rond(s) correspondant à la place du [o] :

  →

4 Entoure tous les [o] :

c o a o e o b o e o c a

R.R.R r.r.r

[prononcer « re »]

un rat

1 Fais une croix dans la case si tu entends [r] :

2 Fais une barre si tu entends une fois [r], deux barres si tu entends deux fois [r], trois barres si tu entends trois fois [r], etc. :

  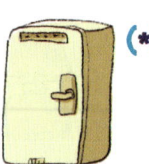 (*)

3 Colorie le (ou les) rond(s) correspondant à la place du [r] :

4 Entoure tous les [r] :

v r s r n m r c r a r

une tasse

1 Fais une croix dans la case si tu entends [s] :

2 Fais une barre si tu entends une fois [s], deux barres si tu entends deux fois [s], trois barres si tu entends trois fois [s] :

3 Colorie le (ou les) rond(s) correspondant à la place du [s] :

4 Entoure tous les [s] :

z s n r s n s r c s o m

T.T.T t.t.t

[prononcer « te »]

une tête

1 Fais une croix dans la case si tu entends [t] :

2 Fais une barre si tu entends une fois [t], deux barres si tu entends deux fois [t], trois barres si tu entends trois fois [t] :

3 Colorie le (ou les) rond(s) correspondant à la place du [t] :

4 Entoure tous les [t] :

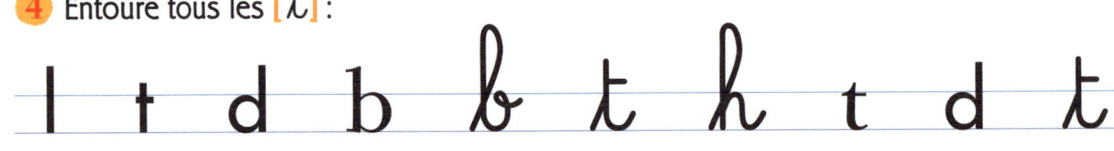

u . U . U
u . U . U
une tortue

1 Fais une croix dans la case si tu entends [u] :

2 Fais une barre si tu entends une fois [u], deux barres si tu entends deux fois [u], trois barres si tu entends trois fois [u] :

  (*)    (*)

3 Colorie le (ou les) rond(s) correspondant à la place du [u] :

   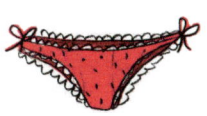 

4 Entoure tous les [u] :

u i i u n u m i u e u

une olive

un waggon

[prononcer « ve » ou « ou »]

1 Fais une croix dans la case si tu entends [v] ou [ou] :

2 Fais une barre si tu entends une fois [v], deux barres si tu entends deux fois [v] :

3 Colorie le (ou les) rond(s) correspondant à la place du [v] :

○○○○   ○○○   ○○○   ○○   ○○○○

4 Entoure tous les [v] :

𝓍. X. X   [prononcer « cs » ou « gz »]

𝓍. x. x

un taxi

1 Fais une croix dans la case si tu entends [x] :

2 Colorie la case en vert si tu entends [gz] et en rouge si tu entends [cs] :

Fais lire les mots par ton papa ou ta maman et écoute bien !

luxe ☐	exemple ☐	taxe ☐
exotique ☐	mixer ☐	exercice ☐

3 Colorie le (ou les) rond(s) correspondant à la place du [x] :

○○○○   ○○   ○○○   ○○   ○○○○

4 Entoure tous les [x] :

z   x   v   x   e   r   n   x   s   x   i

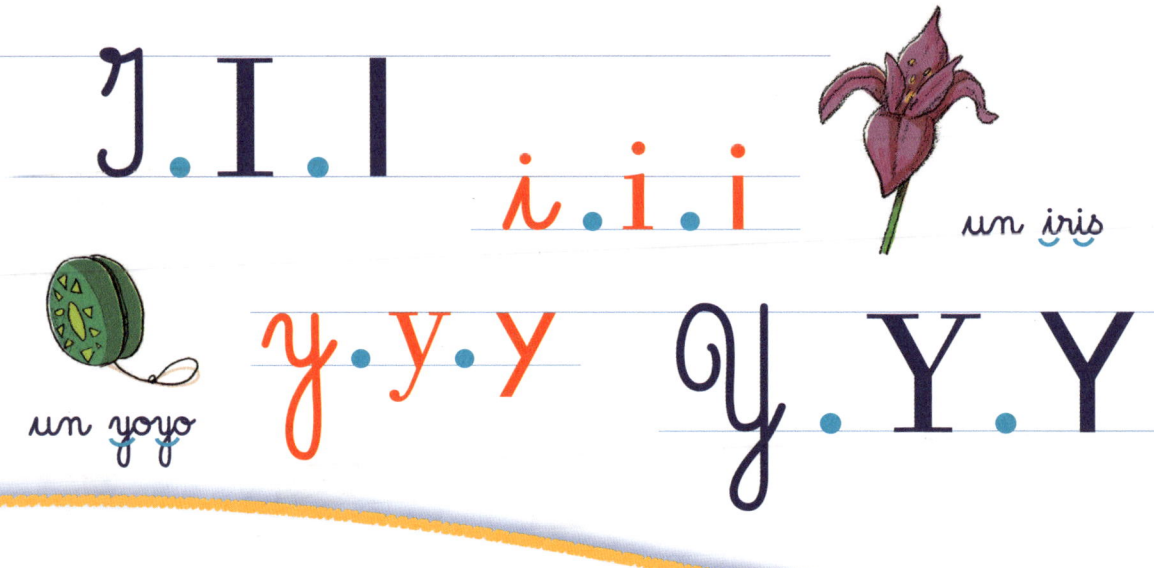

un iris

un yoyo

1 Fais une croix dans la case si tu entends [i] :

2 Fais une barre si tu entends une fois [i], deux barres si tu entends deux fois [i] :

3 Colorie le (ou les) rond(s) correspondant à la place du [i] :

○○○○ ○○ ○○ ○○○○○ ○○○

4 Entoure tous les [i, y] :

Z . Z . Z   z . z . z

[prononcer « ze »]

un zèbre

1 Fais une croix dans la case si tu entends [z] :

2 Fais une barre si tu entends une fois [z], deux barres si tu entends deux fois [z] :

3 Colorie le (ou les) rond(s) correspondant à la place du [z] :

4 Entoure tous les [z] :

r z j z g r z g z i

Assemblages

1
b a → ba   b i → bi   b e → be
b o → bo   b u → bu   b ê → bê

2
c u → cu   qu e → que   qu ê → quê
k i → ki   c o → co   c a → ca

3
d é → dé   d e → de   d è → dè
d o → do   d u → du   d i → di

4
f o → fo   f e → fe   f i → fi
           f u → fu   f è → fè

5
g o → go   g u → gu   g a → ga

6
j u → ju   j o → jo   g i → gi
j a → ja   j ê → jê   g é → gé

7
l y → ly   l e → le   l a → la
l u → lu   l o → lo   l i → li

8
m u → mu   m é → mé   m è → mè
m i → mi   m o → mo   m a → ma

9

| n é → né | n y → ny | n e → ne |
| n a → na | n u → nu | n ê → nê |

10

| p e → pe | p u → pu | p o → po |
| p y → py | p é → pé | p è → pè |

11

| r i → ri | r y → ry | r é → ré |
| r è → rè | r e → re | r ê → rê |

12

| s a → sa | s u → su | c y → cy |
| s o → so | s é → sé | c e → ce |

13

| t è → tè | t u → tu | t o → to |
| t a → ta | t ê → tê | t i → ti |

14

| v e → ve | v y → vy | v a → va |
| v é → vé | v u → vu | v è → vè |

15

| x e → xe | x i → xi | x é → xé |
| x a → xa | x o → xo | x è → xè |

16

| z o → zo | z u → zu | z y → zy |
| z a → za | z è → zè | z é → zé |